送給

啟啟的腳趾有話說

胡燕青　文
王曉明　圖

適合程度
小一（家長伴讀）
小二（獨立閱讀）

初小語文系列 2

啟啟的腳趾有話說

作者
胡燕青

責任編輯
張小鳴

插圖
王曉明

美術監督
蔡桂球

美術設計
伍愛清

出版／發行
基道出版社
香港沙田火炭坳背灣街 26 號
富騰工業中心 1011 室

Logos Publishers
Unit 1011, Fo Tan Ind. Centre, 26 Au Pui Wan St.,
Fo Tan, Shatin, Hong Kong
電話：(852) 2687-0331 傳真：(852) 2687-0281
網址：http://www.logos.com.hk

承印
雅聯印刷有限公司

版次
1998 年 1 月第 1 版
2002 年 8 月第 2 版

Cat. No. LP804-2
ISBN 962-457-131-7

目錄

1. 空位子 —— 1

2. 猜不中啊！ —— 15

3. 誰最吵？ —— 29

4. 腳趾生氣了！ —— 43

咦？

1. 空位子

今天，思思沒有回到學校來上課。我旁邊的位子空著，沒有人坐。我心裏有一點點難過。

到了中午吃飯的時候，方小元說：「思思是不是生病了呢？」

生病了？

思思牙齒全
沒有啦！

　　張宇軒說：「不會，不會。她一定又再掉了一隻牙，口裏的洞洞變大了，樣子不好看，所以她不回來了。」

　　陳進明卻不同意，他說：「不對，不對。可能因為今天要默書，思思沒把書讀好，心裏很緊張，所以不敢回來。」

思思吃光蛋！

好痛喲，
好痛喲。

方小元問我：「啟啟，你說呢？」

我回答說：「我猜思思一定是從自行車摔了下來，摔痛了，今天才不上學的。」

大家說：「不會吧？」

陳老師坐在我們旁邊，笑著聽我們說話，但她沒說甚麼。

這時候，思思穿著校服，在教室大門口出現了。大家都很高興，馬上跑過去問她：「思思，你今天早上到哪裏去了？」

唷！思思

小詩

空位子

空位子，誰來坐？
沒有人坐書包坐。
可是書包不說話，
還是同學來坐吧！

閱讀報告

（1）思思今天沒上學，啟啟覺得有一點點 ________ 。

（2）陳進明認為思思沒有把書讀好，所以不敢回來 ________ 。

（3）________ 吃飯的時候，思思回來了。

跟爸爸媽媽一同想想

（1）為甚麼方小元會想到思思生病了呢？你試過因為生病，不能上學嗎？

（2）要是你的牙洞變大了，你會不上學嗎？為甚麼？

2. 猜不中啊！

思思回來了！

大家歡天喜地，跑過去問她：「思思，你早上到哪裏去了？」

回來啦！
回來啦！

思思還來不及回答，方小元就把手放到她頭上。他說：「沒發燒啊。」張宇軒用心看看思思的牙齒，也說：「也沒有再掉牙。」我彎腰檢查思思的膝蓋，看來她也沒有摔倒呢。

那她早上為甚麼不上學？

沒發燒！沒

沒摔過！沒摔過

没掉牙！没掉牙！

老師見我們想不通，就拿出一面小鏡子，放到我面前問道：「啟啟，你看見誰？」

我答道：「當然是高啟啟。」

老師又把思思帶到我面前，問道：「這是誰？」

我說：「是思思。」

思思也一樣！

明白了！明白了！

這時候，方小元高叫起來：「我明白了！」

老師拍拍他的頭，問：「你明白了甚麼？」

「我明白到思思不是鏡子裏的啟啟。思思不是啟啟。」小元回答。

陳進明也說：「我也明白了，思思不是我、不是張宇軒、也不是方小元。思思是思思。」

老師聽了，一面笑一面豎起大拇指，讚我們聰明。

思思是思思！

真難猜啊！

我也終於明白了，我們是不同的小朋友，不同的小朋友有不同的故事。我從自行車摔下來，思思可沒有；張宇軒最怕掉牙，思思可不怕。

原來早上思思跟媽媽拿旅遊證件去了。真難猜，是不是？

小詩

同學生病了

同學生病了，
進明幫他拿功課，
小元替他寫手冊。
思思啟啟沒事做，
一同設計慰問卡。

閱讀報告

（1） 我們照鏡子時候，常常只能看見 ______ 。

（2） 老師讚小朋友 ______，因為他們都明白到人人不同的道理。

爸爸媽媽和小朋友都來想想

（1）你平時照鏡子，看的是誰？交朋友和照鏡子，有甚麼不同？

（2）如果每個小朋友的樣子、性情和故事都是一樣的，有甚麼不好？

（3）啟啟上一次從自行車摔了下來，痛不痛？為甚麼他以為思思也摔下來了呢？

（4）為甚麼大家猜的都不同？

（5）陳老師為甚麼不說話？

3. 誰最吵？

媽媽說，今天我們家舉行安靜比賽，誰最吵鬧要受罰。

哥哥問：「罰甚麼？」

媽媽說：「罰他一星期不可以講話。」

我聽見伸伸舌頭。

要罰的呀！
要罰的呀！
Milk

爸爸問：「媽媽，最吵鬧的不錯要罰，但有罰也應該有獎；獎品是甚麼？」

媽媽答道：「其他人可以到沙灘去玩。」

我開心得叫起來：「好哇，好哇！」

哥哥馬上掩著我的嘴巴，小聲說：「啟啟，不要吵，不要吵。」

不要吵，
不要吵！

我們很安靜地過了半天，小聲說話，對爸爸媽媽都很有禮貌。我做完功課，就去擰開電視機。忽然，家裏好像多了很多人，再也不安靜了。哥哥給吵得頭暈眼花，功課做得愈來愈慢。

快點哪，哥哥！

媽媽說：「電視機太沒禮貌了，我們不帶它去沙灘。」嚇得我馬上把電視關掉。

過了一會，電話鈴鈴鈴地響起，哥哥的同學打電話來。他們說了好久啊。哥哥才放下話筒，它又叫了。這次是找媽媽的。媽媽講完，才回到房間，鈴鈴鈴的聲音又再大鬧客廳。吵死人了。

爸爸說：「看，最吵鬧的傢伙給找出來了。」

鈴鈴鈴！

哥哥和我一起說：「是電話！」

哥哥很快就完成了功課，我們終於來到美麗的沙灘。媽媽說，現在可以高聲叫、高聲笑了，但那不守規矩的電視和電話呢，卻得悶在家裏，就是大叫也沒有人聽見啦。

你知道嗎，媽媽還要罰它們下星期之內不得開口講話呢！

啊一哇一！

小詩

電視愛吵鬧，
明星歌手呱呱叫；
電話沒禮貌，
三更半夜蹦蹦跳。
吵壞了媽媽，
媽媽掩耳呱呱叫，
吵醒了爸爸，
爸爸牀上蹦蹦跳。

閱讀報告

（1）啟啟家裏最吵鬧的是＿＿＿＿＿和＿＿＿＿＿。

（2）一面看電視，一面寫功課，功課一定做得又________又不好。

（3）爸爸媽媽帶哥哥和啟啟到________玩，是要獎勵他們很快完成功課，而且很________，不吵鬧。

你和爸爸媽媽的想法一樣嗎？

（1）媽媽講了一個很長的電話。那時候，你有甚麼感覺？又有甚麼希望？

（2）你寧願跟爸爸媽媽到郊外去玩，還是看電視？

4. 腳趾生氣了！

昨天晚上，我做了一個很奇怪的夢。

我夢見自己的腳趾，非常吵鬧，好像在罵人。我低頭一看，哎喲，原來腳趾正在跟我的球鞋吵架呢。

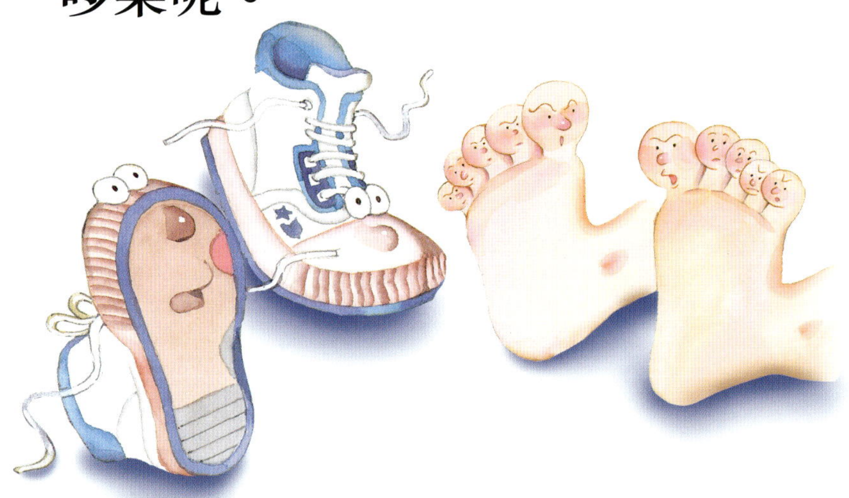

誰在吵？誰在鬧？

臭死人！
臭死人！
LNF
XPR

到底他們在吵些甚麼呀？

腳趾說：「全是你們不好！你們把我們十兄弟給弄臭了！」

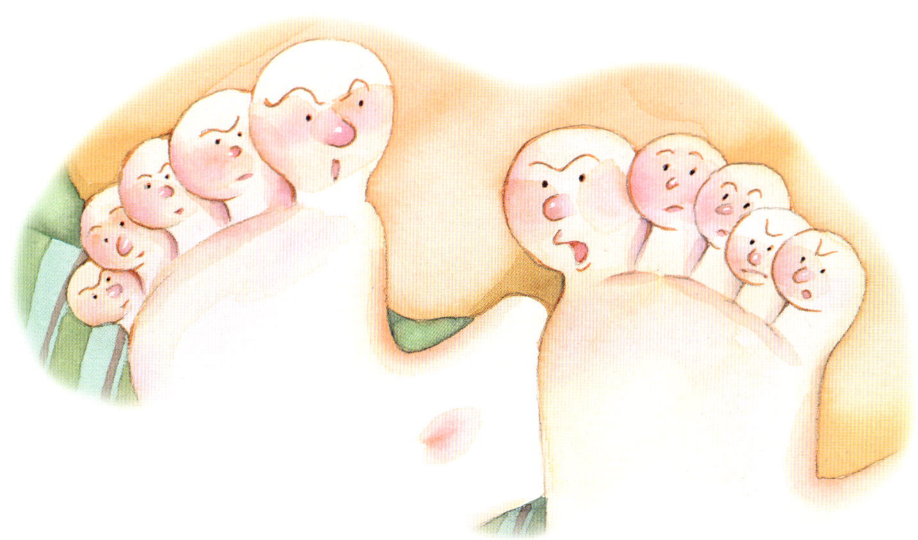

胡說八道！

球鞋高聲大叫：「你們真是胡說八道！我們在鞋店的時候，一點不臭，還漂亮得人人稱讚！啟啟把我們買回來，讓你們穿上了以後，我們才變臭的！是你們把我們弄臭的！」

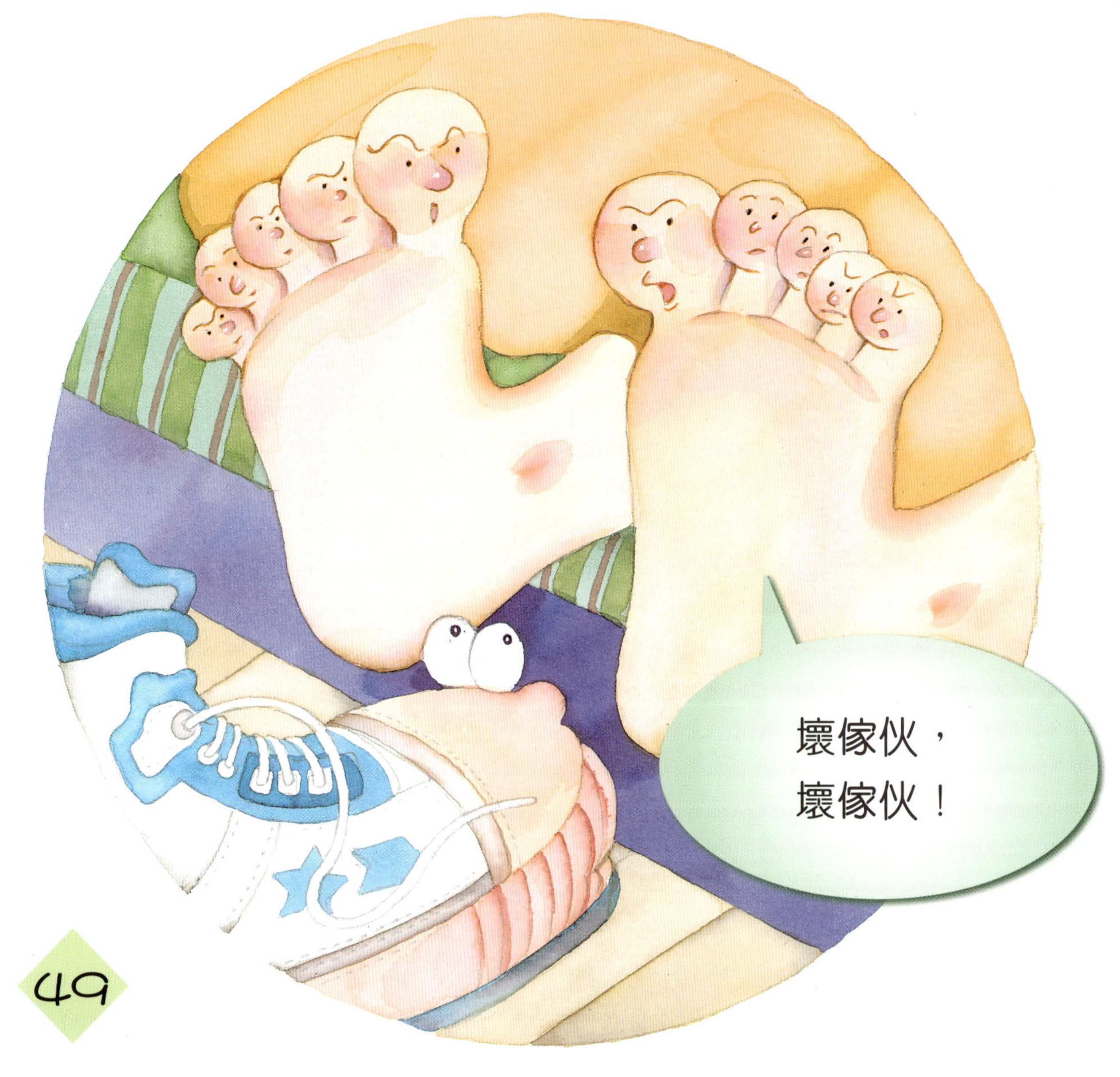
壞傢伙，
壞傢伙！

腳趾聽了，氣得臉都紅了，喊道：「還說呢！我們小時候根本不用穿鞋子，那時候我們不知有多清潔、多香，媽媽有時候還會親親我們呢！你們這些臭鞋子來了以後，我們才慢慢變臭；是你們、是你們這些壞傢伙把我們弄成這樣子的！」

誰先臭？誰先臭？

「不要吵了，不要吵了！」我說，希望他們停止吵架。

「啊，啟啟，是你呀！你來評評理，看看是誰弄臭了誰！」他們一起高叫。

　　哎喲，這問題太難答了，
叫我怎麼說才好呢？
　　小朋友，你知道答案嗎？

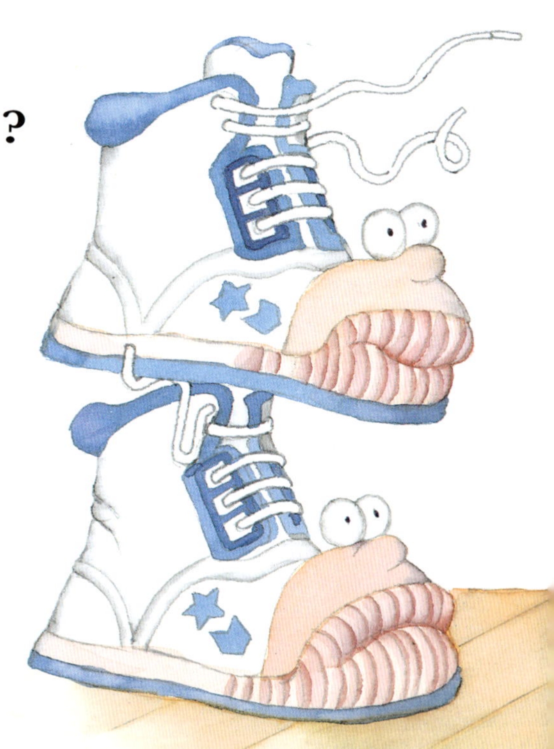

還有襪子呢！

小詩

腳上朋友

皮鞋臉蛋亮又亮，
天天洗抹愛體面。
拖鞋嘴巴寬又寬，
笑口常開喜相見。
球鞋鬍鬚長又長，
穿山過洞始相連。
腳趾伸腰變變變，
腳上朋友變不完。

閱讀報告

（1）球鞋跟腳趾 ＿＿＿＿＿＿ 了。

（2） 球鞋說他們在鞋店的時候不但不 ＿＿＿＿＿＿ ，而且很漂亮，人人看見都 ＿＿＿＿＿＿ 他們。

（3） 球鞋和腳趾都要啟啟來 ＿＿＿＿＿＿ 。

（4） ＿＿＿＿＿＿ 的意思，就是亂講一通。

請爸爸媽媽也來想想

（1） 我們應該怎樣做，才能使自己的腳和鞋襪更清潔？

（2） 你覺得鞋子的話有道理嗎？為甚麼？

（3） 如果你是腳趾，你會不會跟鞋子吵架？為甚麼？

（4） 兩個人為甚麼會吵架？我們有沒有辦法不吵架？

啟啟為甚麼不怕考試？

啟啟怎樣過農曆新年？

啟啟最怕甚麼動物？

關心啟啟的小讀者，請勿錯過《啟啟怕不怕考試？》

作者簡介

胡燕青，廣東中山人，五十年代生於廣州，八歲來港定居，在香港接受教育，畢業於伊利沙伯中學、香港大學，修中、英文。現職浸會大學語文中心助理教授。

中學開始喜歡寫作，作品以新詩及散文為主，偶亦參加少年兒童文學創作行列。著作包括：

(一) 詩集

1《驚蟄》 詩風社 1981
2《日出行》 山邊社 1988
3《我把禱告留在窗台上》 基道出版社 1995
(獲1998基督教湯清文藝獎之「優勝作品」)
4《地車裏》 詩雙月刊出版社 1998
(獲1999市政局中文文學雙年獎(詩))
5《護城河》 基道出版社 2000
6《攀緣之歌》 基督教文藝出版社 2000
7《午後推門》(與鄭雅麗博士合著) 匯智出版社 2001

(二) 散文集

1《心頁開敞》 突破出版社 1989
2《彩店》 山邊社 1989
3《我在乎天長地久》 突破出版社 1995
4《彩店》(新版) 匯智出版社 2001
5《我走過書桌的曠野》 匯智出版社 2001
6《野興》 基道出版社 2001

(三) 紀實文學

1《我的老師》 基道出版社 1996
2《十九歲的天空》 基道出版社 1998

(四) 少年文學

1《一米四八》 突破出版社 1998
(獲1998基督教湯清文藝獎之「卓越成就獎」，1999市政局中文文學雙年獎(兒童文學))
2《全天候跑道》 獲益出版事業有限公司 1998
3《頭號人物》 山邊社 1999
4《三線一族》 突破出版社 2000

(五) 兒童文學

1 初小語文系列——共四冊 1997～1998
《敢敢上小學》、《敢敢的腳趾有話說》、《敢敢怕不怕考試？》、《你就是二年級的敢敢嗎？》

(六) 詩歌欣賞短論集

1《小丘初夏》 新穗出版社 1987

(七) 翻譯

1《門徒日思錄》(四冊) 學生福音團契 2000～2001

獎項：

1981 香港市政局中文文學獎詩組冠軍
1985 香港市政局中文文學獎散文組冠軍
1998 基督教湯清文藝獎(優勝)
1998 基督教湯清文藝獎(卓越成就獎)
1999 香港市政局中文文學雙年獎(兒童文學)
1999 香港市政局中文文學雙年獎(詩)
2001 香港浸會大學校長盃傑出表現獎(教學)

插畫者簡介

王曉明，**1945**年出生於浙江寧波，**1962**年畢業於杭州藝術專科學校美術系。係中國美術家協會會員，杭州市作家協會會員、浙江美術家會理事。主要從事兒童讀物的寫作和繪畫，插圖作品曾在日本、西班牙、伊朗、意大利、斯洛伐克等地展出。低幼讀物插圖獲歷屆中國低幼讀物插圖評獎一等獎，曾獲日本「野間獎」。主要作品有童話集《會飛的房子》、《花生米樣的雲》、《神奇大樓之夜裏誰在叫？》。現主持王曉明工作室。